Angelika Kipp

Windowcolor zur Weihnachtszeit

frechverlag

Von der bekannten Autorin Angelika Kipp sind im frechverlag zahlreiche weitere Titel für Winter und Weihnachten erschienen.
Hier eine kleine Auswahl:

TOPP 2508

TOPP 2377

TOPP 2378

TOPP 2105

TOPP 2236

TOPP 2509

Zeichnungen: Berthold Kipp

Fotos: frechverlag GmbH + Co. Druck KG, 70499 Stuttgart;
Fotostudio Ullrich & Co., Renningen

Dieses Buch enthält:
2 Vorlagenbogen

Auflage: 5. 4. 3. 2. | Letzte Zahlen
Jahr: 2003 2002 2001 2000 1999 | maßgebend

frechverlag GmbH + Co. Druck KG, 70499 Stuttgart

ISBN 3-7724-2510-0 · Best.-Nr. 2510

Druck: frechverlag GmbH + Co. Druck KG, 70499 Stuttgart

Mit Windowcolor, der transparenten Fensterfarbe, können Sie selbsthaftende Fensterbilder kinderleicht herstellen. Einfacher geht es wirklich nicht: Konturen aufzeichnen – Flächen ausmalen und trocknen lassen. Schon können Sie Fenster, Spiegel, Kacheln, Windlichter, Gläser und alle glatten Oberflächen mit passenden Motiven dekorieren.

Diese Fensterfarbe wird mittlerweile von vielen Herstellern angeboten. Die einzelnen Farben weichen in der Konsistenz und in der Leuchtkraft etwas voneinander ab: Einige Farben sind dickflüssiger, andere verlaufen sehr schnell. Die milchigen Farben trocknen transparent und leuchten später sehr schön.

Motive aus Windowcolor sind nicht nur hochaktuell, sie sind auch für Groß und Klein toll geeignet, denn schon die ganz Kleinen können mitmachen: Wenn die Älteren die Konturen aufzeichnen, können die jüngsten Bastler die Innenflächen schon ganz alleine ausmalen.

Das Buch bietet Ihnen eine große Auswahl an Weihnachts- und Wintermotiven. Für jeden ist etwas dabei!

Lustige Schneemänner erfreuen sich an den eisigen Temperaturen, Kerzen erleuchten die Räume, Entchen stapfen im Gänsemarsch durch den Schnee und Weihnachtsmänner treffen eifrig Vorbereitungen zum Weihnachtsfest. Die Eskimos hingegen machen es sich am Kinderzimmerfenster gemütlich.

Und wenn Sie ein Motiv woanders befestigen möchten: Einfach das Bild ablösen und an die gewünschte neue Stelle anbringen. Erfreuen Sie sich an den vielen wunderschönen Motiven!

Viel Spaß beim adventlichen Basteln wünscht

Ihre Angelika Kipp

Die Windowcolor-Fenstermalfarbe

Folie

Zum Auftragen der Kontur und der Farben benötigen Sie glatte Folien. Alle Folien aus Polypropylen (PP) und Polyethylen (PE) sind zum Auftragen der Farbe geeignet. Für alle Motive in diesem Buch habe ich A3-Prospekthüllen verwendet. Die gewünschte Vorlage wird einfach zwischen die Hüllenseiten geschoben, dann kann sie nicht verrutschen.

Konturenfarbe

Die Hersteller bieten Konturen in verschiedenen Farbtönen an. Für dieses Buch habe ich ausschließlich schwarze Konturenfarbe benutzt. Die Kontur sollte je nach Fabrikat 8 bis 10 Stunden trocknen, bevor die Flächen ausgemalt werden.

Windowcolor

Im Handel werden verschiedene Fenstermalfarben angeboten. Sie unterscheiden sich lediglich in der Konsistenz und der Leuchtkraft. Entscheiden Sie selbst, welche Farben Ihnen am besten gefallen!

Das milchige Aussehen einiger Farben verschwindet nach dem Trocknen. Die Farbe wird dann transparent und leuchtend.

Mithilfe eines Zahnstochers lässt sich die Farbe gut verteilen. Achten Sie darauf, dass die Windowcolor-Farbe dicht an die Kontur reicht, damit diese an der Farbfläche haftet. Außerdem sollte sie nicht zu dünn aufgetragen werden, da sie sonst beim Ablösen von der Folie zerreißt.

Sie können die Farben direkt auf der Folie miteinander vermischen. Zu viel aufgetragene Farbe kann mit einem Wattestäbchen entfernt werden.

Farblose Innenflächen können Sie mit transparenter Windowcolor-Farbe ausmalen, damit das Motiv besser zusammenhält.

Entstehen beim Auftragen der Farbe größere Luftblasen, so zerstechen Sie diese am besten mit einer Nadel.

Das fertige Motiv sollte je nach Fabrikat etwa 24 Stunden trocknen. Die kleinen Luftblasen, die beim Trockenvorgang entstehen, sind nicht zu vermeiden und treten je nach Hersteller mehr oder weniger auf. Sie geben dem Motiv jedoch den Effekt einer Bleiverglasung und können durchaus erwünscht sein.

Beim Ablösen des getrockneten Motivs von der Folie sollten Sie zunächst die Ränder vorsichtig lösen.

Das Bild haftet von alleine am Fenster und kann mehrfach abgenommen und wieder angebracht werden.

Tipps:

- Die Bilder sollten nur bei Zimmertemperatur von der Folie und der Scheibe gelöst werden, da sie bei Kälte oder Frost zerbrechen. Gegebenenfalls erwärmen Sie das Motiv leicht mit einem Föhn.

- Sind die Temperaturen durch starken Sonneneinfall am Fenster zu hoch, so lässt sich die Folie ebenfalls schwer ablösen, da sie zu weich geworden ist. Bitte warten Sie dann, bis das Fenster ein wenig abgekühlt ist.

- Die Fensterscheiben sollten völlig trocken sein, da das Fensterbild bei Feuchtigkeit nicht an der Scheibe haftet. Wenn also Ihre Scheiben (z. B. bei Altbauten) „schwitzen", kann es passieren, dass die Bastelarbeit sich von allein vom Fenster löst.

- Misslingt Ihnen ein Teil des Bildes, so können Sie nach dem Trocknen mit einem Schneidemesser die fehlerhaften Teile aus dem Motiv heraustrennen und neu gestalten.

- Windowcolor-Bilder lassen sich am besten zwischen zwei Folien aufbewahren. Die einzelnen Bilder sollten sich nicht berühren, da sie sonst miteinander verkleben können.

Schritt für Schritt erklärt

1. Übertragen Sie die Vorlage mit Blei- oder Filzstift auf ein Transparentpapier und legen Sie dieses in eine passende Klarsichthülle (A4 oder A3). So kann es nicht verrutschen.

2. Tragen Sie die Konturenfarbe direkt aus der Flasche auf die Folie auf und fahren Sie dabei die aufgemalten Konturenlinien nach. Wenn Sie feinere Konturen wünschen, schrauben Sie eine Metallspitze, die es in verschiedenen Stärken gibt, auf die Flasche. Unter leichtem Druck fließt die Farbe aus der Flasche.

Tipp:

Legen Sie die Flasche kurz auf den warmen Heizkörper. Die Farbe wird dadurch etwas flüssiger und lässt sich leichter aus der Flasche herausdrücken.
Die Konturenfarbe muss 8 bis 10 Stunden trocknen, bevor Sie weitere Farben auftragen.

3. Ist die Kontur getrocknet, tragen Sie die Windowcolor-Farben für die Innenflächen auf. Achten Sie darauf, dass die zu bemalende Fläche gut bedeckt ist und die Farbe bis an die Kontur reicht. Mit Hilfe eines Zahnstochers lässt sich die Farbe gut in kleine Lücken schieben. Lassen Sie das Motiv ca. 24 Stunden trocknen, bevor Sie es von der Folie lösen.

Ein gefüllter Nikolausstiefel

Diesen Stiefel hat der Nikolaus schon prall gefüllt.
Die Sohle des Stiefels ist mit der schwarzen Konturenfarbe ausgemalt worden.

Motivhöhe ca. 31 cm

Schnell, schnell!

Noch in letzter Minute kommt der Nikolaus zu den bereits wartenden Kindern. Die schwarz ausgemalten Flächen sind mit der Konturenfarbe gestaltet.

Motivhöhe ca. 26 cm

Der erste Advent

Wenn die Adventszeit beginnt, geben Kerzen wärmendes Licht.

Motivhöhe ca. 20 cm

Glänzender Weihnachtsschmuck

Rückseite des Buches

Motivhöhe ca. 31,5 cm

Dieser Tannenzweig ist mit wunderschönen Kugeln und glitzernden Sternen geschmückt.
Die Glitterflächen werden zunächst mit der Windowcolor-Farbe in Glitzer-Gold ausgemalt. In die noch feuchte Farbe streuen Sie dann kleine Metall-Glitterplättchen in Gold.

Kling, Glöckchen, klingelingeling!

Überall zur Weihnachtszeit hört man das Geläut der Glocken. Diese Weihnachtsglocken sind feierlich mit Ilex und Schleife geschmückt.

Motivhöhe ca. 25,5 cm

Gestatten, mein Name ist Tom Schneemann!

Flicken in der Hose, aber trotzdem immer guter Laune!
Bei diesem Motiv wurde für alle schwarzen Flächen die schwarze Konturenfarbe benutzt.

Motivhöhe ca. 41 cm

Ich hole dir die Sterne vom Himmel!

Ein Spaziergang in dieser sternenklaren Nacht ist immer besonders romantisch. Das Mäusenäschen wird mit der schwarzen Konturenfarbe ausgemalt.

Motivhöhe ca. 37,5 cm

Eine süße Überraschung

Dieser kleine vernaschte Weihnachtsteddy freut sich besonders über solche Leckereien. Für die schwarz ausgemalten Flächen wurde die schwarze Konturenfarbe verwendet.

Motivhöhe ca. 38,5 cm

Ritt auf dem Mond

Freund Mond nimmt den lieben Weihnachtsmann gerne mit auf seine Reise über das Firmament.
Alle schwarzen Flächen werden mit der schwarzen Konturenfarbe ausgemalt.

Motivhöhe ca. 37 cm

Ein Winterspaziergang

Wenn dicke Schneeflocken vom Himmel fallen, macht diesem Trio ein Winterspaziergang im Gänsemarsch besonders großen Spaß.

Die schwarzen Augenflächen werden mit schwarzer Konturenfarbe ausgemalt. Die Schneeflocken sind einfach weiße Windowcolor-Farbkleckse ohne Konturenlinie. Sie können auch direkt auf das Fenster aufgebracht werden.

Motivhöhe der Enten ca. 26 cm - 28 cm

Festlicher Kerzenschein

Festlich geschmückte Kerzen mit ihrem strahlenden Schein erhellen die dunklen Wintertage.
Der Docht wird mit schwarzer Konturenfarbe ausgemalt.
Die Glitzerflächen werden mit einer Glitterfarbe in Gold ausgemalt. In die feuchte Farbe streuen Sie dann goldenen Glitter.

Motivhöhe ca. 35 cm

Glitzernder Sternenkranz

Mit goldenen Sternen und rotem Schleifenband ist dieser Kranz aus Tannengrün weihnachtlich geschmückt.

Die Flächen der Sterne werden zunächst mit Fenstermalfarbe in Glitzer-Gold ausgemalt. In die feuchte Farbe wird dann goldener Glitter gestreut.

Motivhöhe ca. 29 cm

Weihnachten im Himmelreich

Kurz bevor die Heilige Nacht im Himmel gefeiert wird, bringen diese beiden Engelchen noch schnell den Weihnachtsschmuck herbei.

Motivhöhe
beider Engel ca.
26 cm - 26,5 cm

Ich verteile die Geschenke!

Manchmal kommt der Weihnachtsmann auch durch den Schornstein des Hauses. Schauen Sie doch mal auf Ihrem Dach nach!
Die schwarzen Flächen der Augen werden mit schwarzer Konturenfarbe ausgemalt.

Motivhöhe (Nikolaus und Dach) ca. 30 cm

So viele Geschenke!

Für wen mögen diese vielen Geschenke wohl sein? Vielleicht kommt der Nikolaus ja bei Ihnen vorbei!

Motivhöhe ca. 34 cm

Hallo, hier wohnen wir!

Diese Kinder leben in einem Haus aus Eis. Wenn jedoch die Flocken vom Himmel fallen, sind sie am liebsten mitten im Schneetreiben.
Die schwarzen Flächen werden mit schwarzer Konturenfarbe ausgemalt.
Die Schneeflocken sind einfach weiße Windowcolor-Farbkleckse ohne Konturenlinie, die auch direkt auf das Fenster aufgebracht werden können.

Motivhöhen:
Eskimo ca. 23,5 cm
Iglu ca. 22 cm

Ein Sack voller Überraschungen

Für wen mag dieser volle Weihnachtssack sein?

Die Rute wird mit der schwarzen Konturenfarbe ausgemalt. Die Sternenflächen werden mit Glitzerfarbe in Gold ausgefüllt. In die noch feuchte Farbe wird goldener Glitter gestreut.

Motivhöhe ca. 29 cm

Ein geschmückter Weihnachtsbaum

Schmücken Sie Ihren Weihnachtsbaum mit Sternen und Kugeln. Im Gegensatz zu den Sternen, die mit schwarzer Konturfarbe umrandet sind, wird für die Kugeln Konturenfarbe in Silber-Glitter verwendet.

Motivhöhe ca. 31,5 cm

Abendfütterung

Der treueste Begleiter des Weihnachtsmannes bekommt auch heute Abend sein wohlverdientes Futter.
Alle schwarzen Flächen werden mit der schwarzen Konturenfarbe ausgemalt.

Motivhöhen:
Nikolaus ca. 36 cm
Esel ca. 22 cm

Weihnachtliches Ambiente

Diese Sternenkugel wirkt an Ihrem Fenster allein durch ihre Schlichtheit. Die Länge des Aufhängebandes können Sie nach Bedarf variieren.

Prachtvolle Sterne!

Sterne in allen Farben und Formen verschönern jedes Fenster und verbreiten weihnachtliche Stimmung.
Gestalten Sie die einzelnen Farbflächen nach Ihren Wünschen.

Motivhöhe aller Sterne ca. 28 cm

Zwei harte Kerle

In ihren eleganten und bunten Uniformen erfreuen die Nussknacker groß und klein. Für die schwarzen Flächen wird die schwarze Konturenfarbe benutzt.

Motivhöhe
ca. 34,5 cm

Ein lustiger Gesell

Motivhöhe ca. 33,5 cm

Mit der Mütze und dem bunten, langen Schal fühlt sich der kleine Schneemann im Schneegestöber richtig wohl.
Die schwarzen Flächen werden mit schwarzer Konturenfarbe ausgefüllt. Die Schneeflocken können Sie freihand mit weißer Windowcolor-Farbe und ohne Konturenlinie aufmalen. Sie können auch direkt auf das Fenster aufgebracht werden.